紙ひこうき クラフトスクール

レベル 1
はじめて編

著：クリストファー・L・ハーボ
絵：鎌田 歩

ほるぷ出版

紙ひこうきクラフトスクール

もくじ

はじめに ……………………………………… 4
用意するもの ………………………………… 5
基本の折り方 ………………………………… 6
記号の説明 …………………………………… 7

ダイナミック・ダーツ …………………… 8

ちいさな飛行船 …………………………… 10

つむじ風 …………………………………… 11

ヘリコプター ……………………………… 12

空飛ぶモモンガ …………………………… 14

レベル 1 はじめて編

リング・ウィング ……………………… 16

テール・スピン ………………………… 18

ロング・レンジャー …………………… 20

V・ウィング …………………………… 22

スクールヤード・スペシャル ………… 24

エレベーター・グライダー …………… 27

やってみよう …………………………… 30
着陸できるかな？

はじめに

紙ひこうきクラフトスクールへようこそ！
この学校は、紙ひこうきをつくりたい！　と思ったときに入れる、だれもがまなべるところだよ。紙ひこうきをつくってみたい子は、いつでも大かんげい。

そろそろみんなあつまってきたかな？
じゅんびはいい？　たのしいレッスンがはじまるよ。

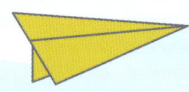

この本では、はじめてでもかんたんに折れる紙ひこうきをたくさんしょうかいしているよ。
かっこよく遠くまで飛んでいく紙ひこうき、くるくると舞いおりる紙ひこうきなど、どれもすぐにつくりたくなるようなユニークなものばかり。

また、むずかしさがひとめでわかるように、一冊ずつレベル別になっているので、低学年から高学年までたのしめるよ。
巻末には、学校や公園などでできる、紙ひこうきを使った遊びも紹介しているよ。

みんなのお手製の紙ひこうきが飛びまわるのも、もうすぐ。
さあ、さっそくはじめてみよう！

用意するもの

この本に出てくる紙ひこうきをつくるための道具を紹介するよ。
折りはじめる前に、必要なものを用意しておこう。

紙　よく使うのはA4サイズ（約21×30cm）の紙や正方形の折り紙。どんな紙でもいいけれど、きれいな色や模様がついている紙だと、かっこいい紙ひこうきが折れるよ。

はさみ　切りこみをいれるとよく飛ぶモデルもあるよ。すぐ使えるように用意しておこう。

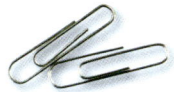

ゼムクリップ　ひこうきの先を重くするのに使うよ。サイズのちがうものをいくつか用意しておこう。

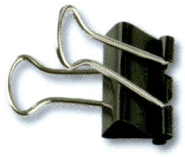

ダブルクリップ　ちいさめのダブルクリップも、ひこうきの先を重くするのに使うよ。

じょうぎ　紙の幅や長さをはかるときに使うよ。

まずは基本の折り方をたしかめて、紙ひこうきづくりにとりかかろう。基本の折り方がわかれば、紙ひこうきを折るのはかんたん。手順がややこしくてわからなくなったら、ここに書いてある折り方を見直してね。

基本の折り方

谷折り
谷折り線

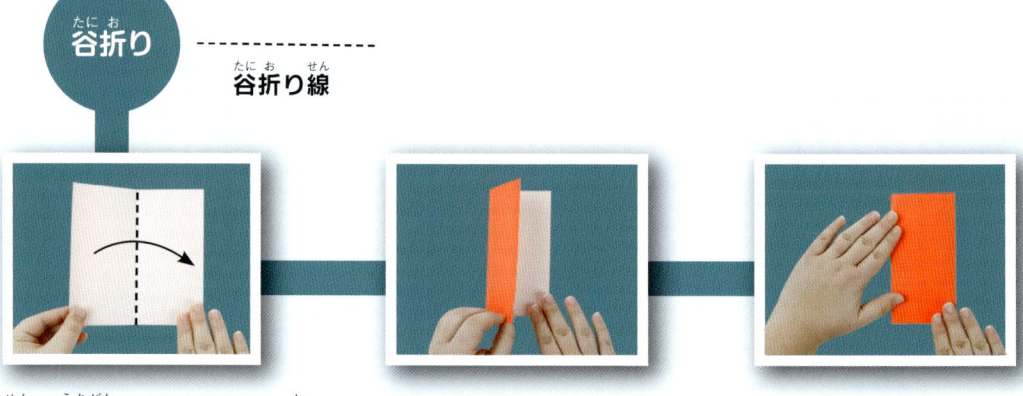

線が内側になるように折る。

山折り
山折り線

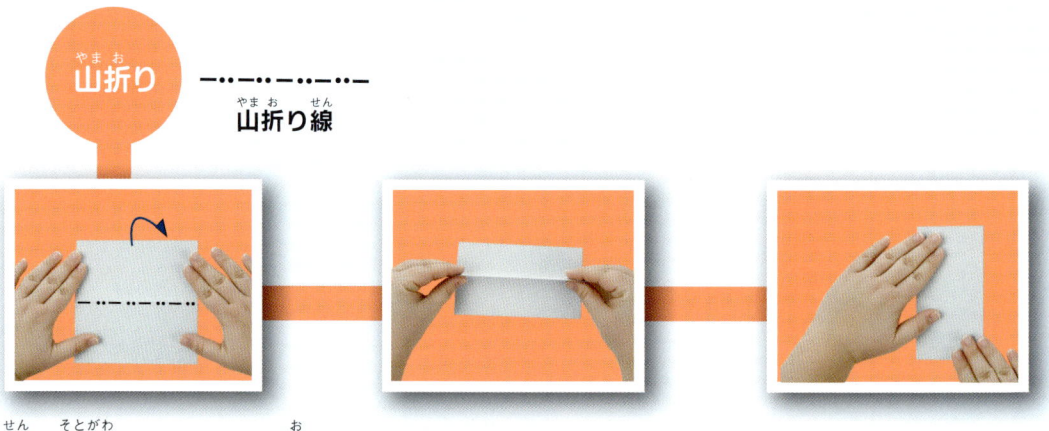

線が外側になるように折る。

記号の説明

折る
矢印の方向に紙を折る。　　紙をうらに折る。　　紙を折って、また開く。

切る
点線をはさみで切る。

折りすじをつける
次の手順の目印になるように軽く折ってすじをつける。

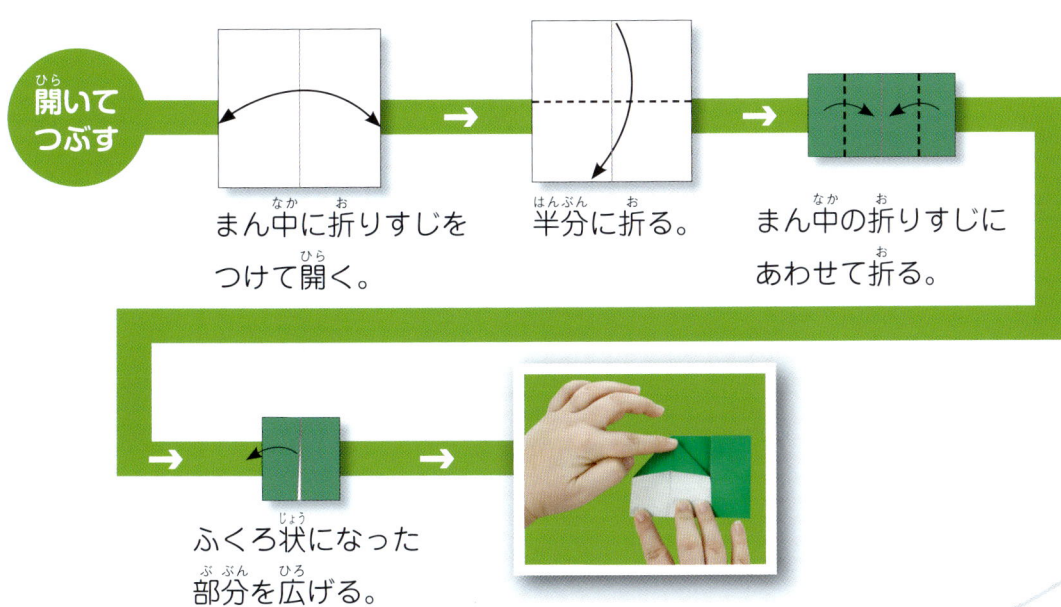

開いてつぶす
まん中に折りすじをつけて開く。 → 半分に折る。 → まん中の折りすじにあわせて折る。 → ふくろ状になった部分を広げる。

ダイナミック・ダーツ

世界中で大人気の紙ひこうきのひとつ。きっとみんなも気にいるはず。なにより、手順がとてもかんたんで、折り方もすぐに覚えられるよ。

用意するもの

A4サイズの紙

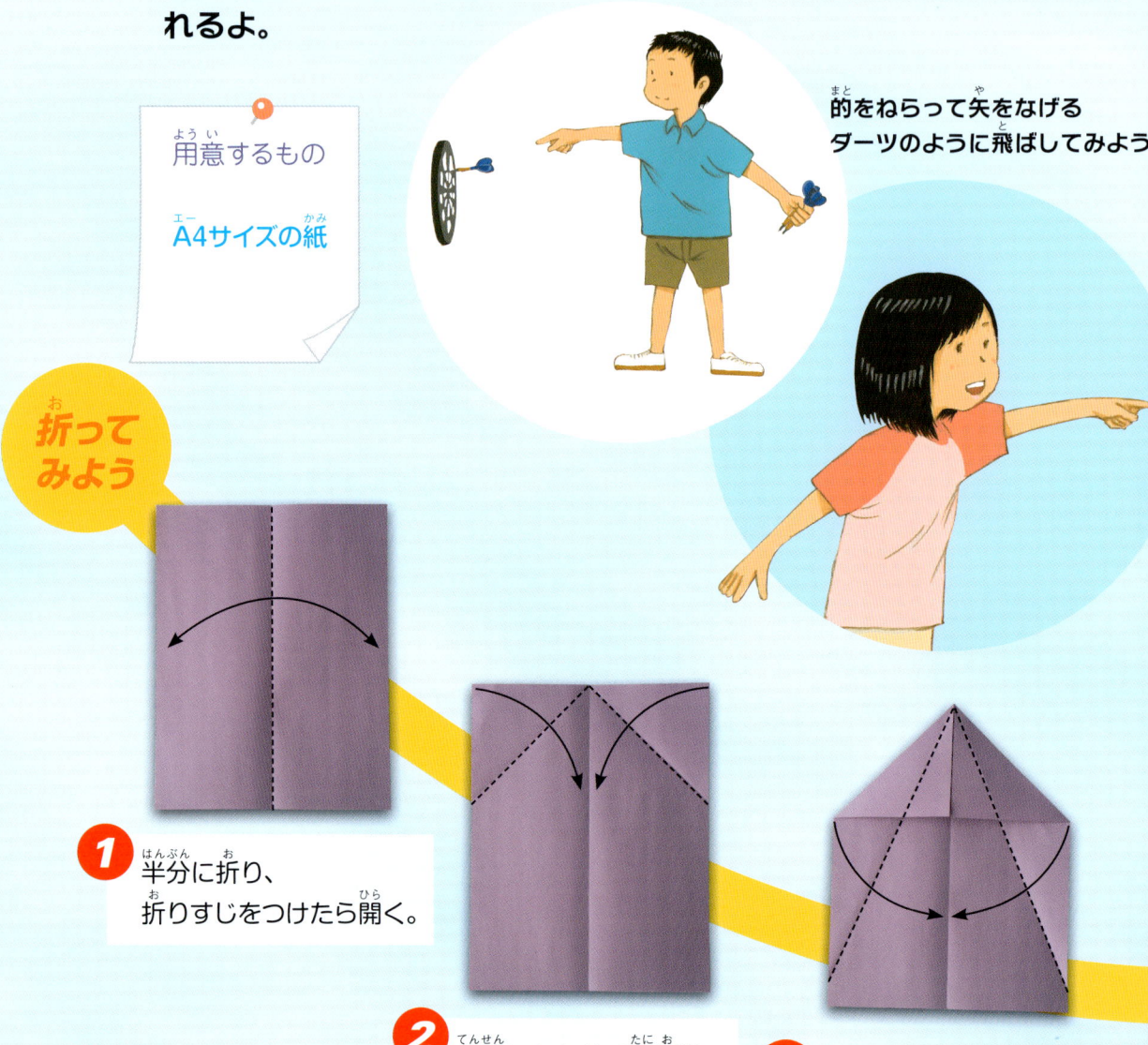

的をねらって矢をなげるダーツのように飛ばしてみよう

折ってみよう

① 半分に折り、折りすじをつけたら開く。

② 点線にあわせて谷折り。

③ はしがまん中の折りすじとあうように、点線にあわせて谷折り。

8

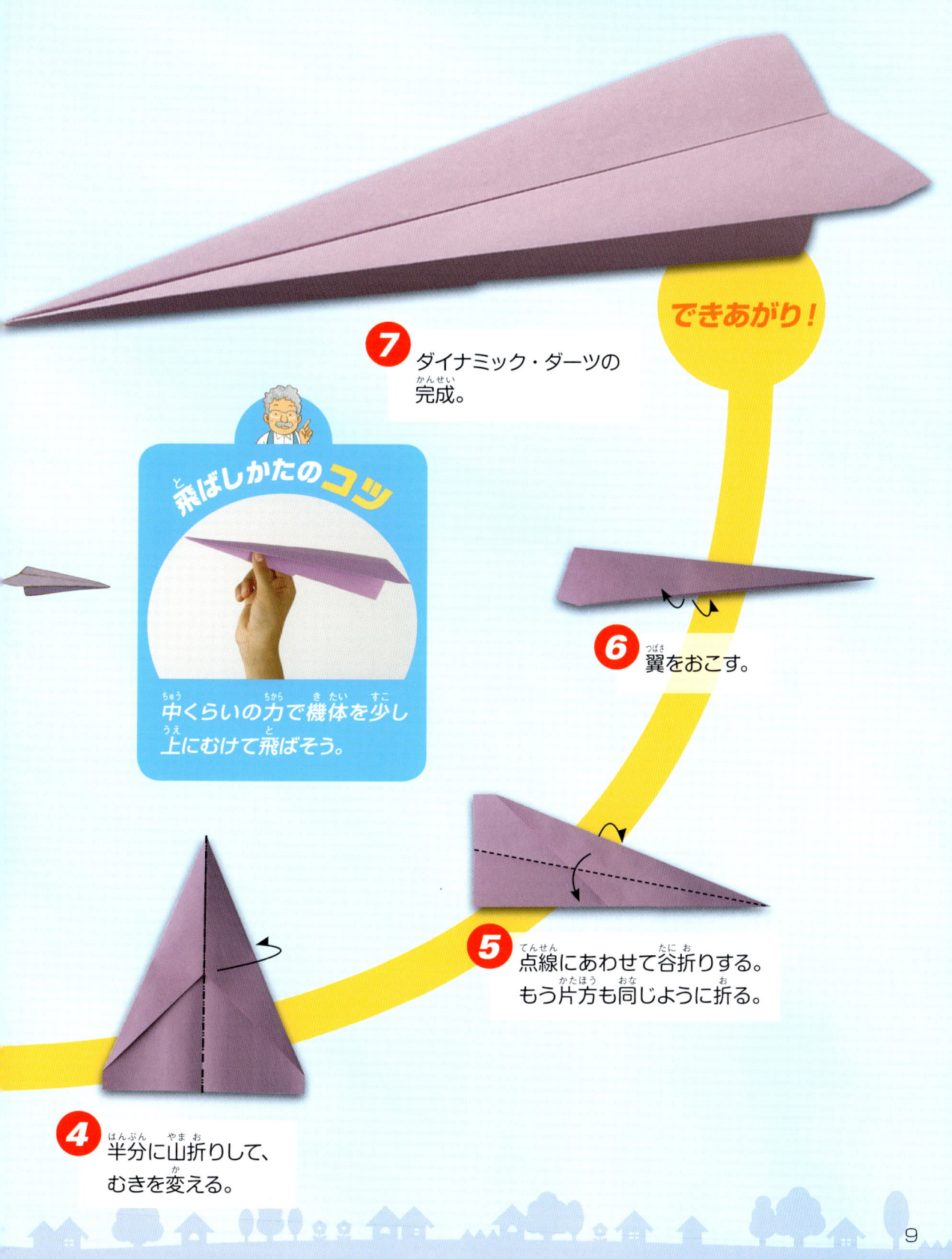

ちいさな飛行船

まるでちいさな飛行船のような紙ひこうき。リボンみたいなかたちで、くるくるとすばやく回転するよ。できるだけ高いところから飛ばしてみよう。

用意するもの
A4サイズの紙
＊横長に使うよ
はさみ
じょうぎ

折ってみよう

① 図のように、3cm幅の帯をつくる。

② 帯の両はしから5cmのところでたがいにむかいあう方向に1.5cmの切りこみをいれる。

③ 帯をまげて、2つの切りこみをあわせる。

④ ちいさな飛行船の完成。

できあがり！

飛ばしかたのコツ

わっかの部分を人さし指と親指ではさんで、そっと前に押し出しながら手をはなそう。

つむじ風

はさみで切って2か所をちょっと折るだけでできる、かんたんな紙ひこうき。ひらひらと舞いおりるすがたを、なんども見たくなるよ。

折ってみよう

用意するもの
A4サイズの紙
はさみ
じょうぎ

1 点線にそって紙を切り、3cm幅の帯をつくる。

3cm

2 半分に谷折り。キリトリ線にそって切る。

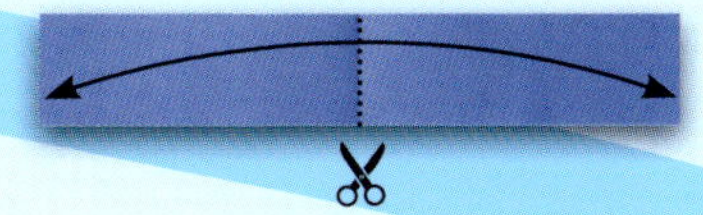

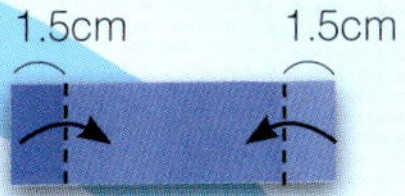

3 二等分した長方形の両はしを谷折りし、1.5cmのフラップ※をつくる。ぴんとまっすぐ立つように折る。

1.5cm　1.5cm

できあがり！

4 つむじ風の完成。

飛ばしかたのコツ

人さし指と親指でまん中をもって、そっとはなそう。手の位置が高いほど、ゆっくりとひらひら舞いおりるよ。

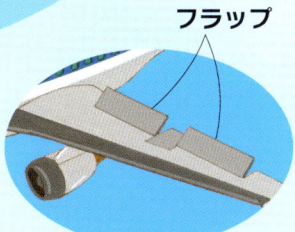
フラップ

※飛行機の主翼についているちいさな翼のこと。紙ひこうきのフラップも飛行機と同様に空気の流れを調節するよ。

11

ヘリコプター

紙のヘリコプターは、切りこみをいれて折れば、できあがり。昔からずっと親しまれているモデルだよ。さっそくつくってみよう。

こんな風に落としてもおもしろいよ！

用意するもの
A4サイズの紙
＊横長に使うよ
はさみ
大きめのゼムクリップ
じょうぎ

❹ 両方とも谷折り。

❺ はしを谷折り。

❻ 折ったところをゼムクリップでとめる。

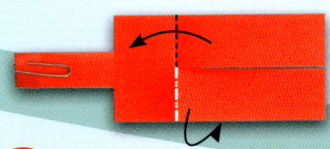

❼ 交互に谷折り、山折りしてプロペラをつくる。

折ってみよう

1 点線にそって紙を切り、9cm幅の帯をつくる。

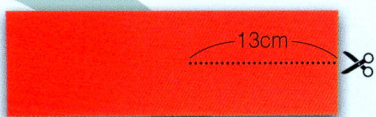

2 帯のまん中に、13cmの切りこみをいれる。

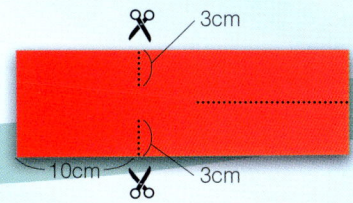

3 反対のはしから10cmのところに、長さ3cmの切りこみを2つ、むかいあうようにいれる。

飛ばしかたのコツ

クリップのところをもって手首のスナップをきかせよう。くるくると回転して、舞いおりるよ。

できあがり！

8 ヘリコプターの完成。

空飛ぶモモンガ

大きな翼に風をうけて、驚くほど飛ぶ紙ひこうき。
うまくいくと、モモンガのようにダイナミックに
飛ぶよ！

用意するもの

正方形の紙

折ってみよう

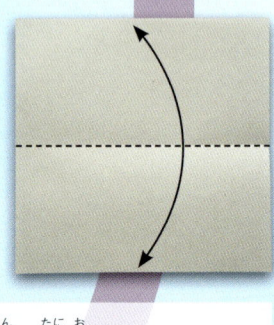

1 半分に谷折り。
折りすじをつけたら開く。

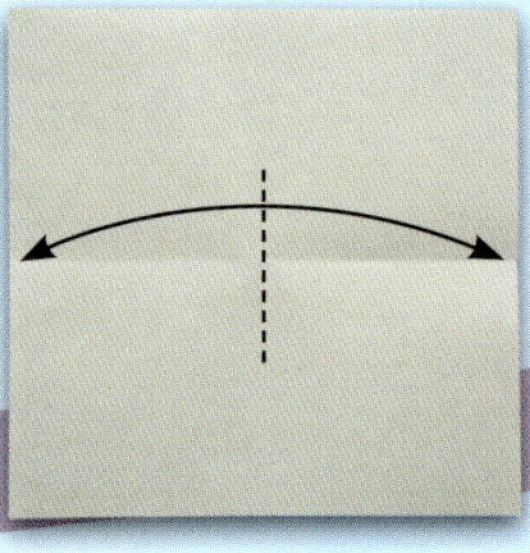

2 たて半分に折り、
折りすじをつけてもどす。

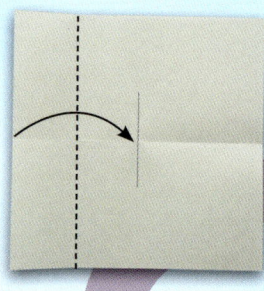

3 ②でつけた折りすじ
にあわせて谷折り。

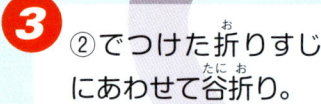

4 点線にそって谷折り。
折りすじをつけて開く。

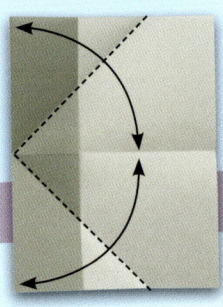

5 一度広げて点線の折りす
じにそってたたむ。

14

9 半分に山折り。折りすじをつけたら開く。

できあがり！

10 空飛ぶモモンガの完成。

8 三角形の部分を谷折り。先はふくろの部分にさしこむ。

7 とがった部分を点線にそって折る。

6 まん中の部分をひらいてつぶす。

飛ばしかたのコツ

翼のうしろを人さし指と親指ではさんで、そっと前に押しだそう。飛ばすときの手の位置が高いと、遠くまで飛ぶよ。

リング・ウィング

王かんのように見えるけど、よく飛ぶ紙ひこうき。
うでをすばやくふると、スピードがますよ。

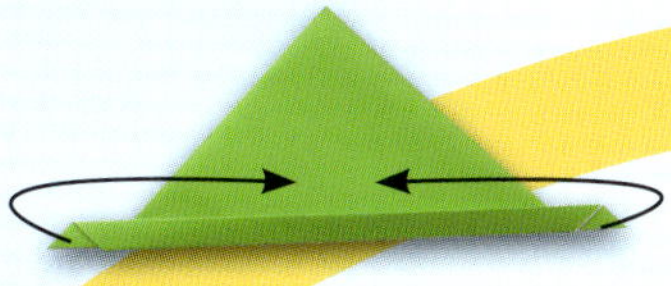

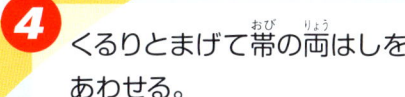

❹ くるりとまげて帯の両はしを
あわせる。

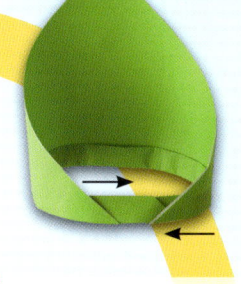

❺ たがいにさしこむ。
入らなくなるまできっちりと
いれる。

飛ばしかたのコツ

翼のとがったところをもって
機体を前に押しだしながら、
手をはなそう。飛ばすとき
に高い位置でもって、より
遠くまで飛ばそう。

❻ きれいな円にかたちをととのえて、
リング・ウィングの完成。

できあがり！

17

テール・スピン

静かに着陸する紙ひこうきもあるけれど、このモデルは空中でぐるぐるとまわり、いきおいよく着陸するよ。力いっぱい飛ばしてみよう。

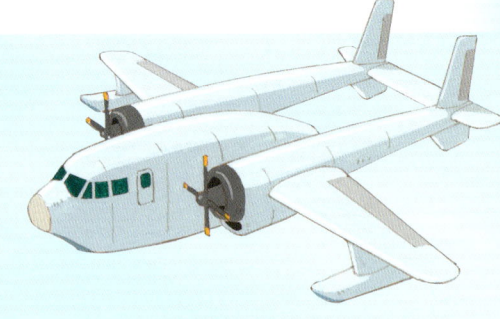

用意するもの
A4サイズの紙

折ってみよう

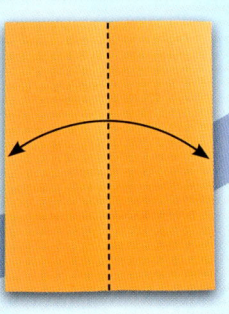

1 半分に谷折り。折りすじをつけたら開く。

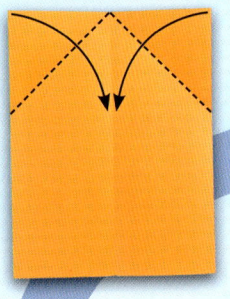

2 角を折りすじにあわせて谷折り。

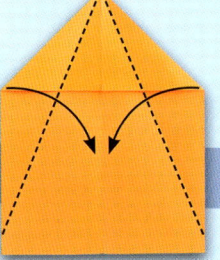

3 はしを折りすじにあわせて谷折り。

4 とがった部分を谷折り。

18

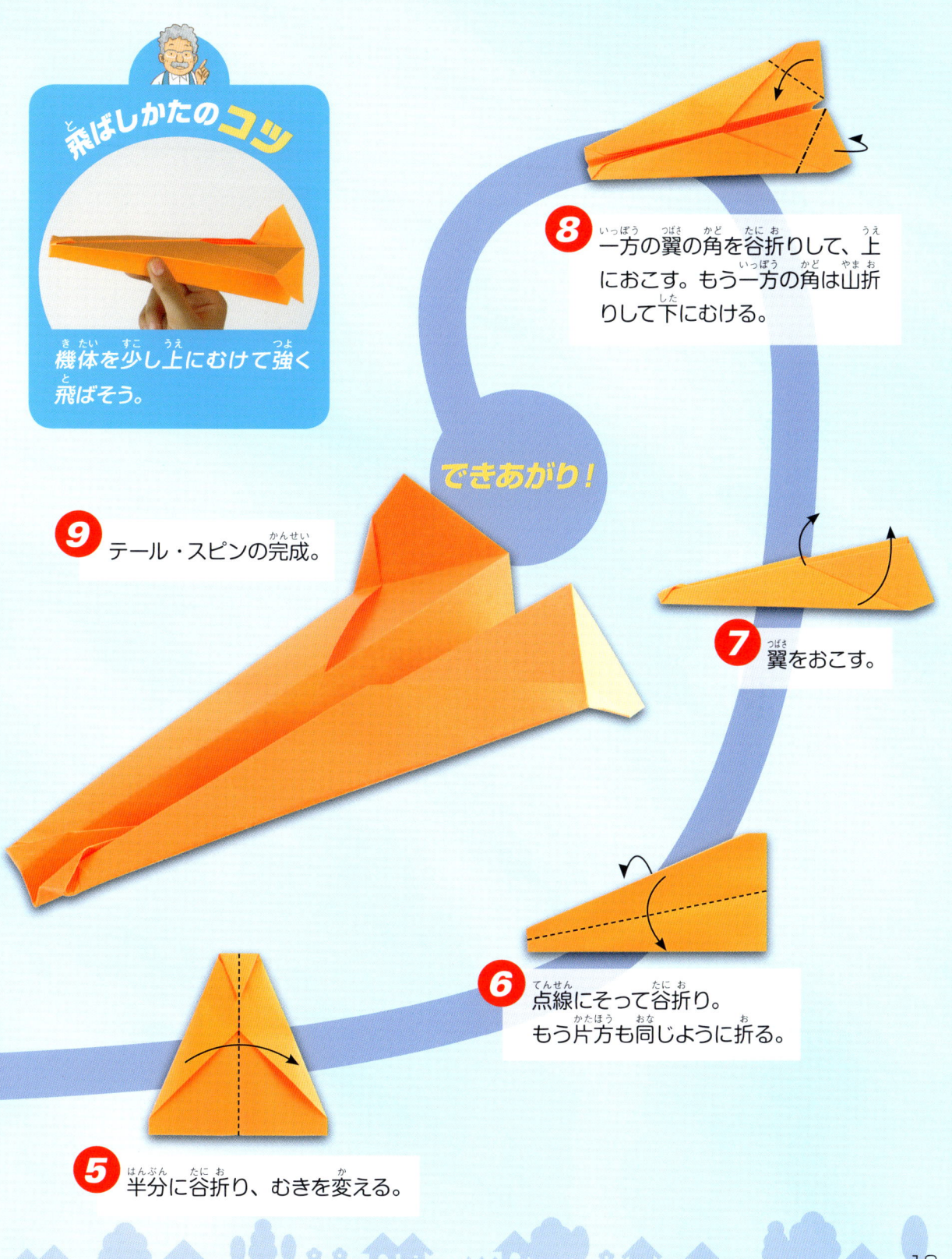

ロング・レンジャー

このモデルは遠くまで、まっすぐに飛んでいくことまちがいなし！上手に飛ばすと10mも先まで飛ぶよ。学校で紙ひこうきコンテストが開かれるときには、ぜひつくってね。

用意するもの
A4サイズの紙

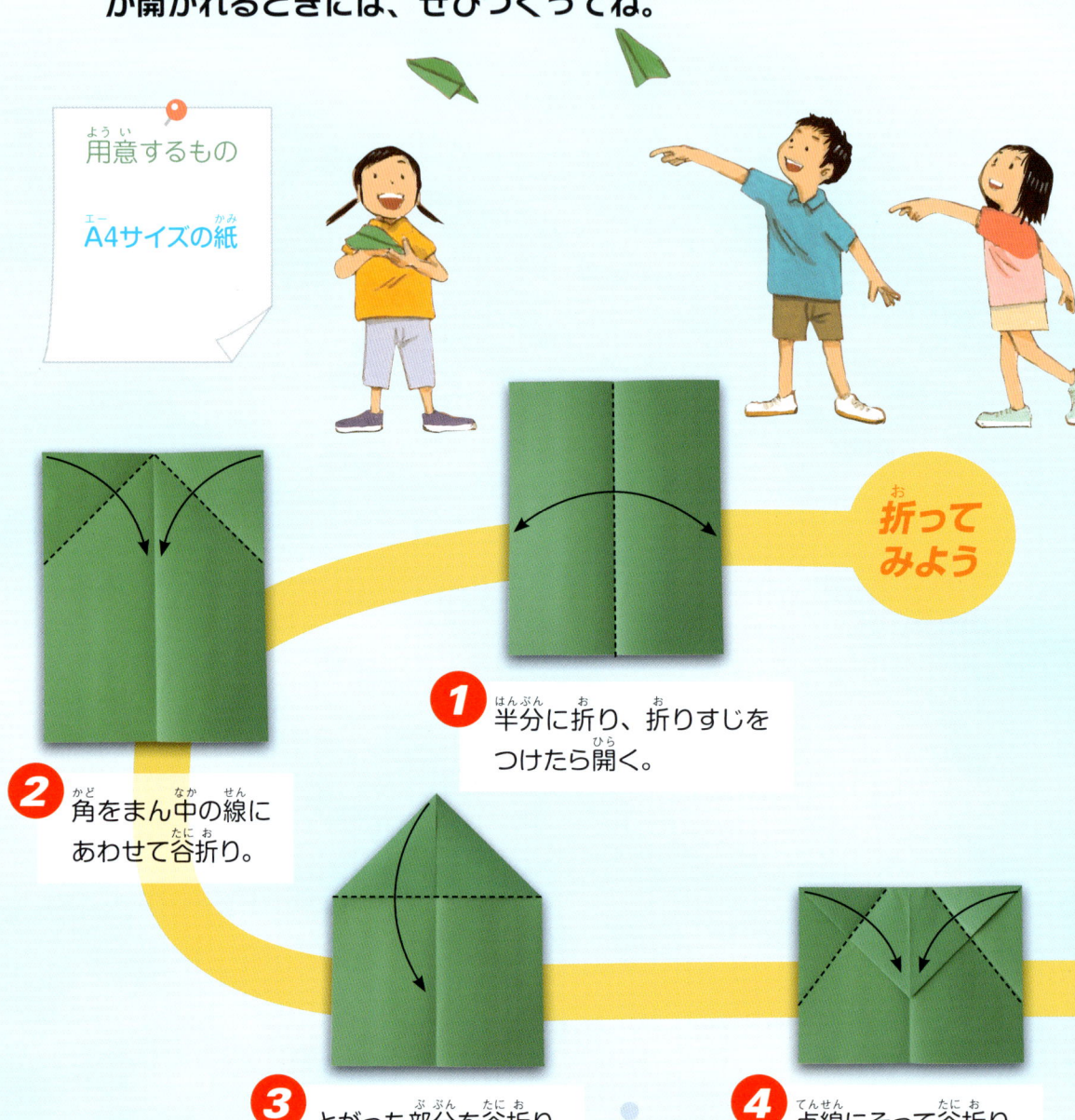

折ってみよう

① 半分に折り、折りすじをつけたら開く。

② 角をまん中の線にあわせて谷折り。

③ とがった部分を谷折り。

④ 点線にそって谷折り。

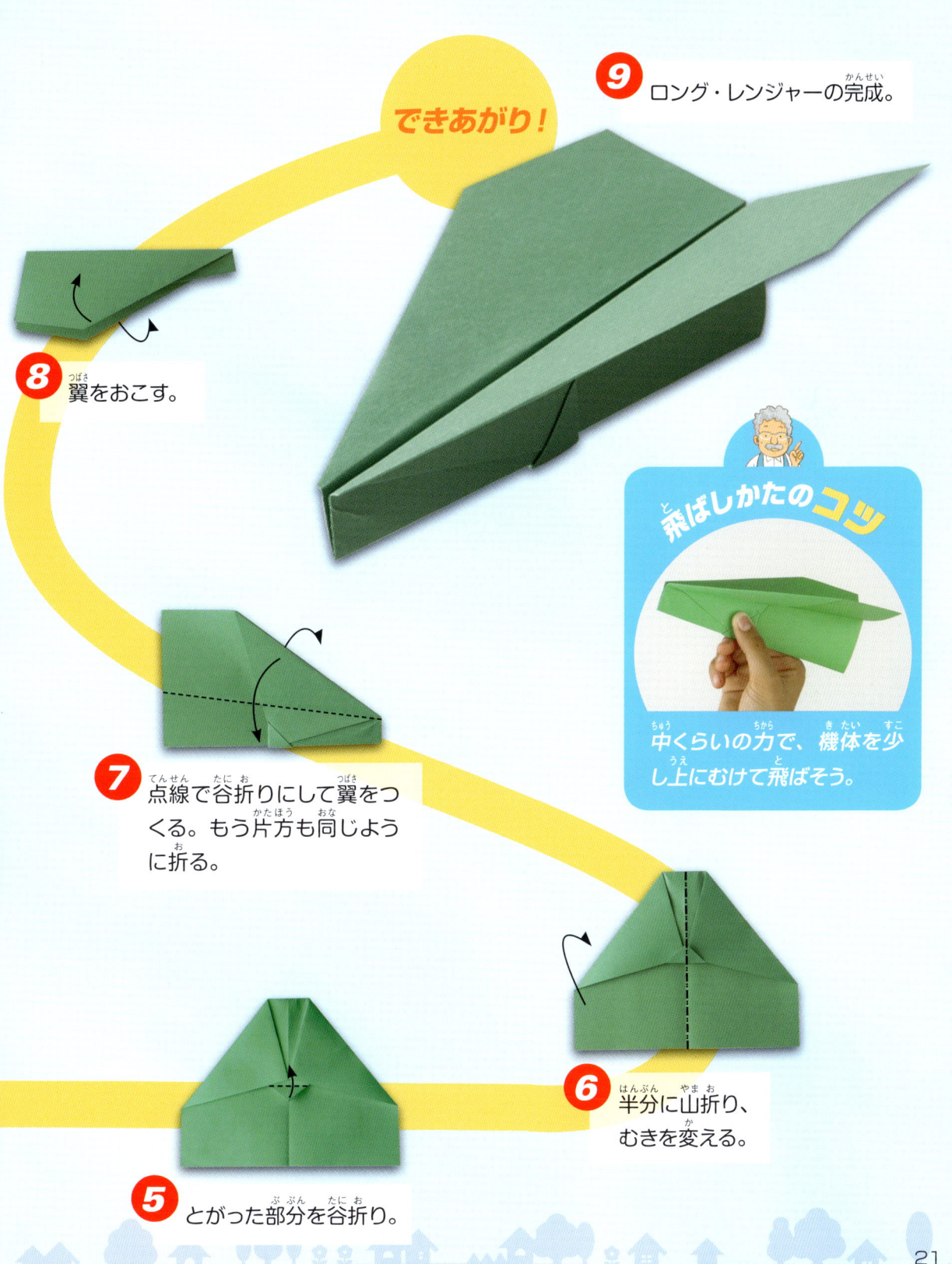

V・ウイング

空気のクッションに乗っているみたいに、とってもなめらかに飛ぶグライダー。この紙ひこうきもグライダーみたいにきれいに飛ぶよ。

用意するもの
正方形の紙

折ってみよう

① 半分に谷折り。折りすじをつけて開く。

② 角を折りすじにあわせて谷折り。

⑥ 点線にそって谷折り。もう片方も同じように折る。

飛ばしかたのコツ
中くらいの力で飛ばそう。

22

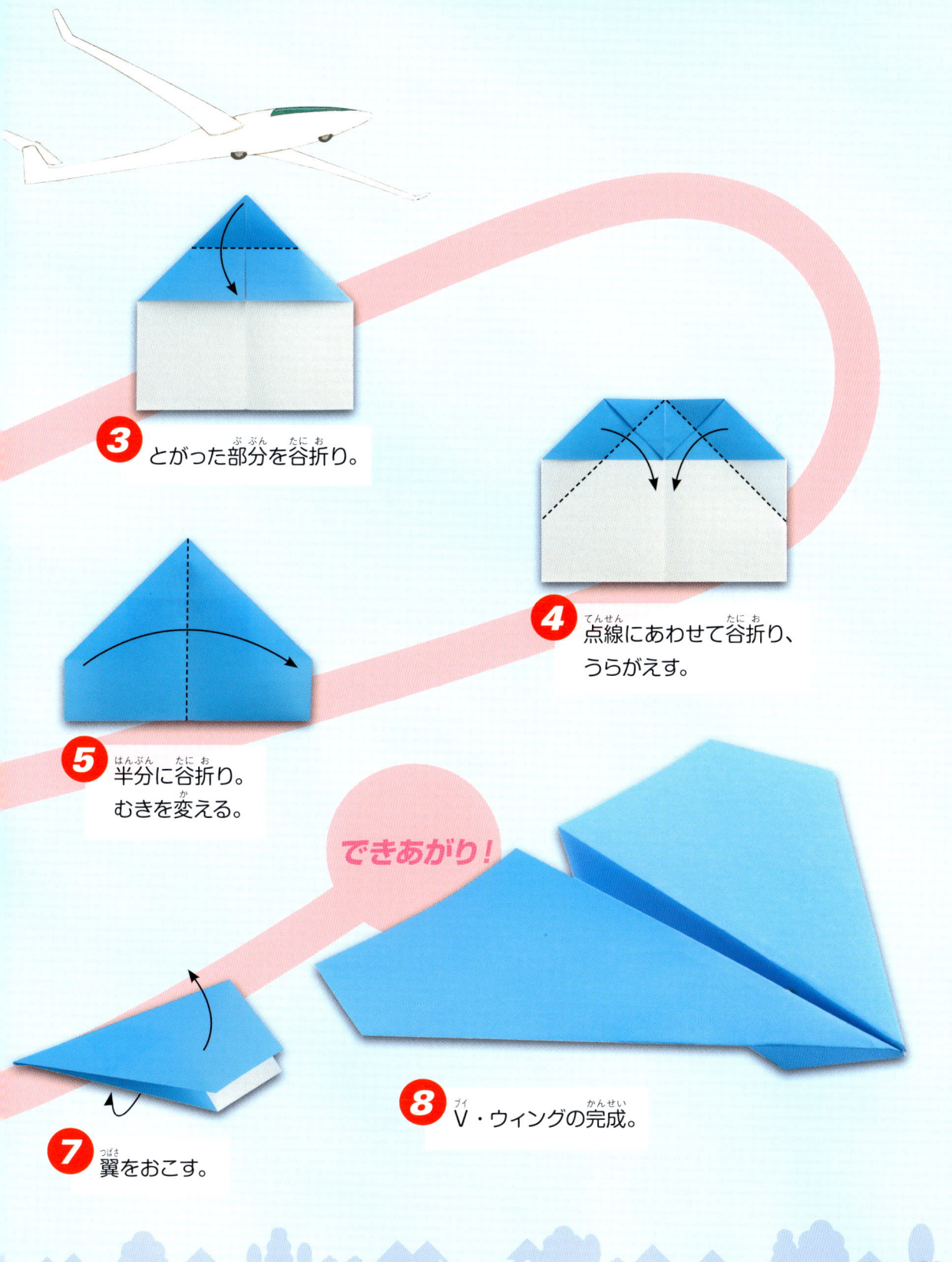

スクールヤード・スペ

英語で校庭という意味をもつ、紙ひこうき。先にクリップをつけることで、重さがくわわってスピードが　ますよ。予測がつかない飛びかたをするのがおもしろいところだよ。

用意するもの

A4サイズの紙
ゼムクリップ

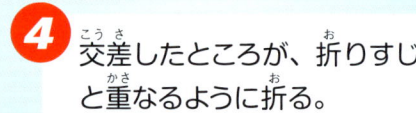

4 交差したところが、折りすじと重なるように折る。

5 うらがえして、とがった部分を谷折り。

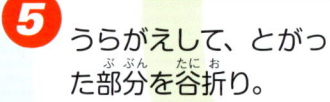

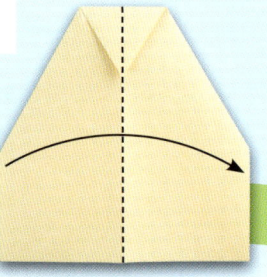

6 半分に谷折り。むきを変える。

7 点線にそって谷折り。もう片方も同じように折る。

24

シャル

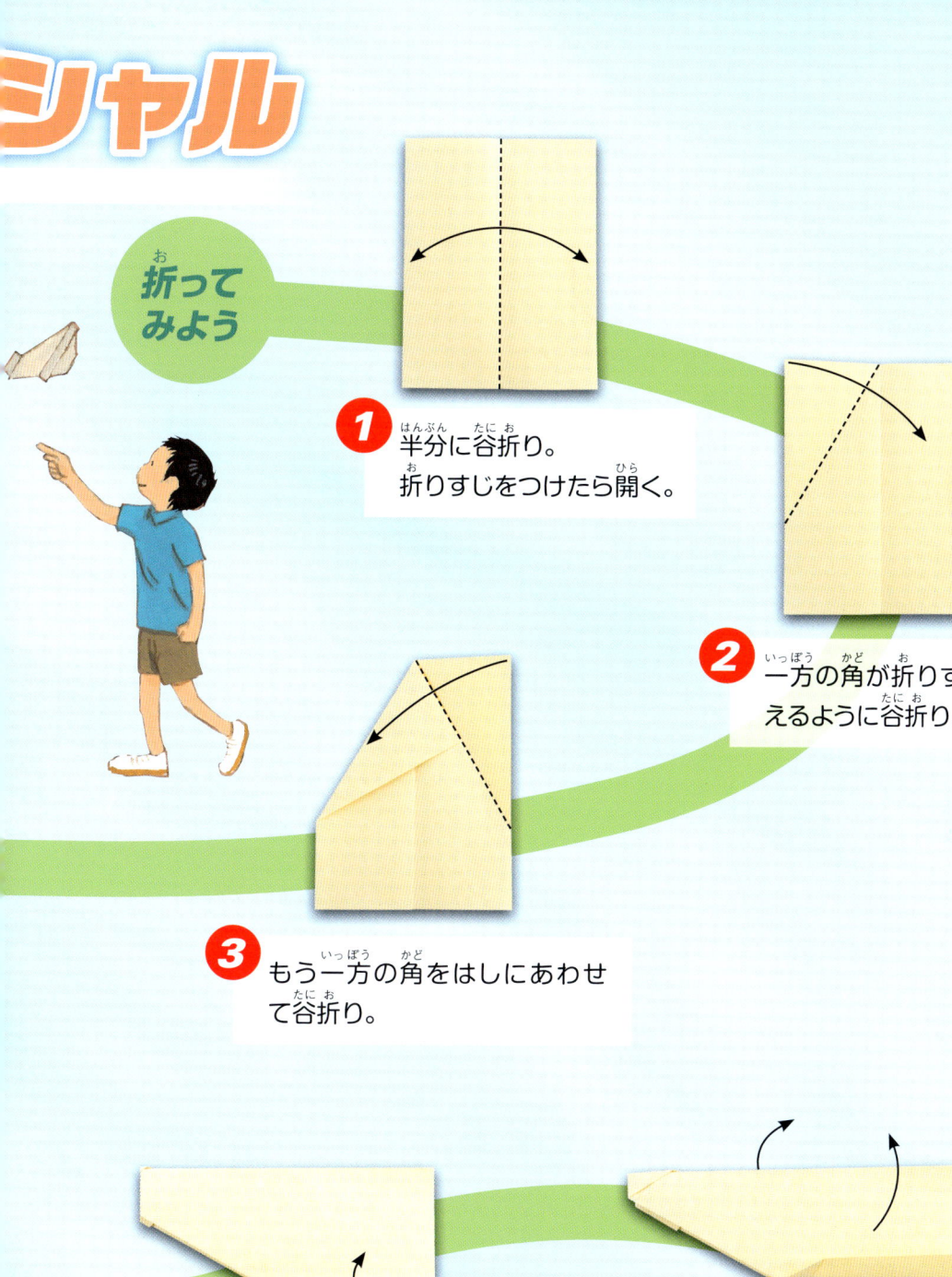

折ってみよう

1 半分に谷折り。
折りすじをつけたら開く。

2 一方の角が折りすじをこえるように谷折り。

3 もう一方の角をはしにあわせて谷折り。

8 翼のはしを谷折り。
もう片方も同じように折る。

9 翼をおこす。

次のページへ

前のページから続き

10 翼のフラップをおこし、ぴんとまっすぐ立てる。

11 先にゼムクリップをつける。

できあがり！

飛ばしかたのコツ

機体を少し上にむけて強く飛ばそう。

12 スクールヤード・スペシャルの完成。

エレベーター・グライダー

翼にちいさなエレベーター（昇降舵）がついているので、この名前でよばれているよ。エレベーターの角度を調節して、思いどおりに飛ばしてみよう。

用意するもの

A4サイズの紙
はさみ

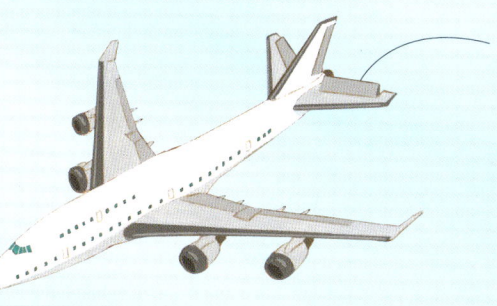

飛行機の
この部分を
エレベーターと
いうよ！

折ってみよう

1 半分に谷折り。
折りすじをつけたら開く。

2 角を折りすじにあわせて谷折り。

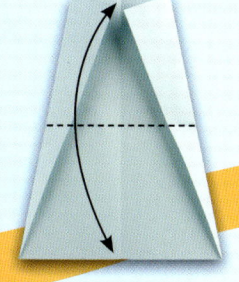

3 半分に谷折り。
折りすじをつけて開く。

次のページへ

27

前のページから続き

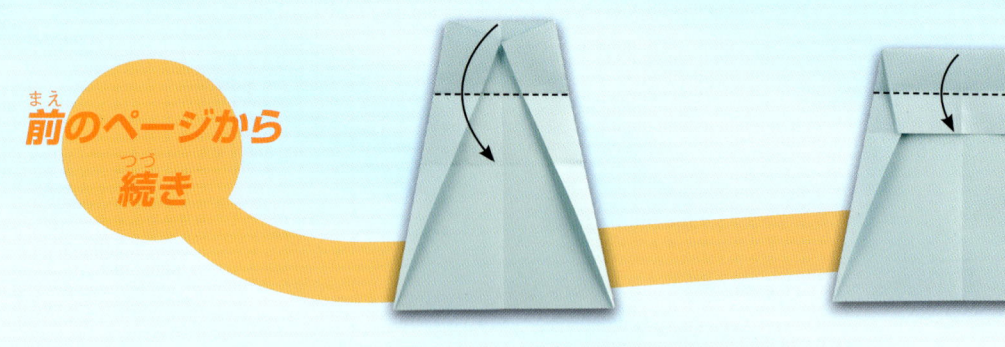

4 ③でつけた折りすじにあわせて谷折り。

5 点線にそって折りすじまで谷折り。

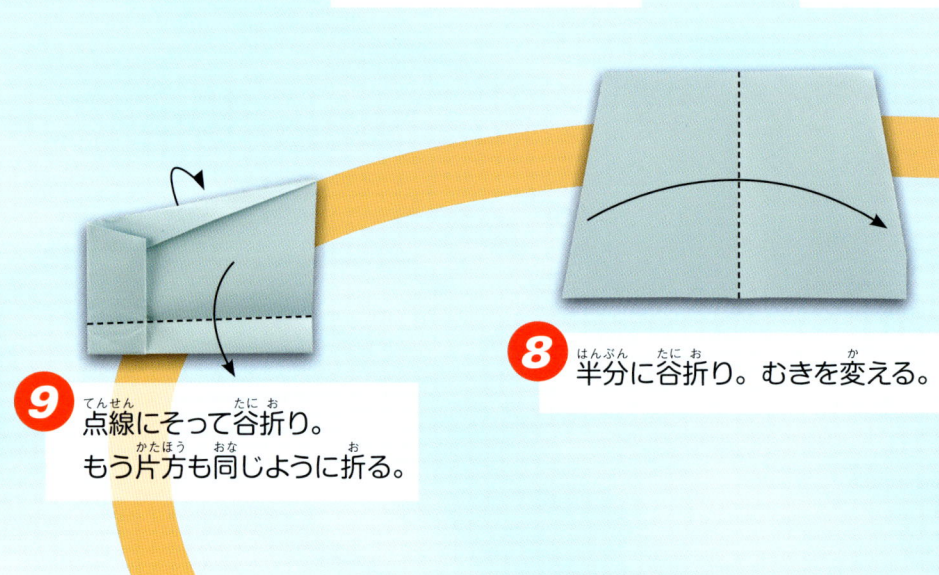

8 半分に谷折り。むきを変える。

9 点線にそって谷折り。もう片方も同じように折る。

10 翼をおこす。

11 それぞれの翼のうしろに切りこみをいれ、エレベーターをつくる。まん中のエレベーターを少し上むきにおこす。

やってみよう

着陸（ちゃくりく）できるかな？

11機（き）の紙（かみ）ひこうきができたところで着陸（ちゃくりく）テクニックのうでだめしだ。友（とも）だちやクラスのみんなとチャレンジしてみよう。

用意（ようい）するもの					
	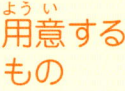				
	 ひも	紙（かみ）ひこうき	 メモ帳（ちょう）	えんぴつ	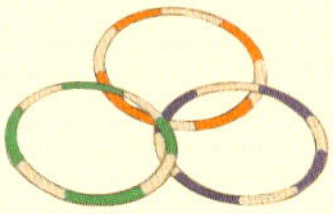 フラフープ3つ

1 床（ゆか）や地面（じめん）に短（みじか）めのひもをおく。これをスタートラインにする。

2 スタートラインから10歩（ほ）はなれて、フラフープを1つおく。

30

3 さらに10歩はなれて2つめのフラフープをおく。

4 さらに10歩はなれて3つめのフラフープをおく。

5 スタートラインにもどり、交代で紙ひこうきを飛ばす。
紙ひこうきが1つめのフラフープの中に着陸すれば3点。
まん中のフラフープの中なら5点。
一番遠いフラフープの中であれば10点とする。

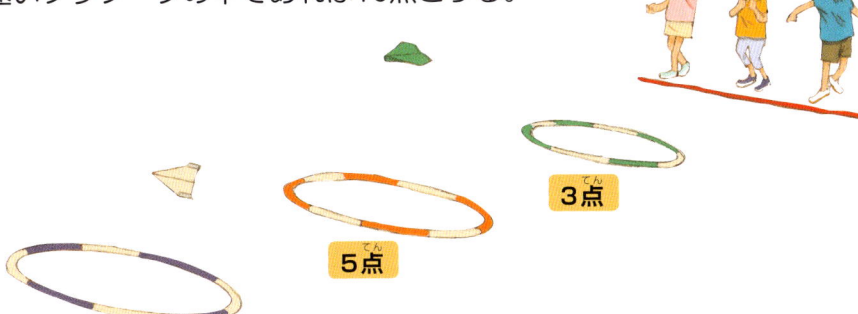

6 紙ひこうきを飛ばすたびに点数を記録しておこう。
最後にひとりずつ合計点数を出す。
一番点数が高かった人がチャンピオンだ。

クリストファー・L・ハーボ（Christopher L. Harbo）
アメリカで、子ども向けの工作本や伝記絵本の執筆を行っている。おもな著作に「Paper Airplanes」シリーズ、「Easy Origami」シリーズ、マイクロソフトの創業者ビル・ゲイツの自伝絵本など。彼の自宅の本棚には、世界の様々な国のコミックや、グラフィックノベルがならんでおり、日本のアニメも大好き。ガーデニングが趣味。

鎌田 歩（カマタアユミ）
1969年東京生まれ。おもな作品に、『はこぶ』（教育画劇）、『新幹線しゅっぱつ！』（福音館書店）、『はしる！新幹線「のぞみ」』、『はしる！新幹線「かがやき」』（ともにPHP研究所）などがある。『新幹線しゅっぱつ！』『空港のじどうしゃ』（「おおきなポケット」／福音館書店）は、台湾で翻訳出版された。

紙ひこうきクラフトスクール
レベル1　はじめて編

2015年10月25日　第1刷発行
2019年　4月15日　第4刷発行

著：クリストファー・L・ハーボ
絵：鎌田 歩

発行者　中村宏平
発行所　株式会社ほるぷ出版
〒101-0051　東京都千代田区神田神保町3-2-6
電話 03-6261-6691／ファックス 03-6261-6692

印刷　共同印刷株式会社
製本　株式会社ハッコー製本
翻訳協力　株式会社バベル
日本語版装丁　イシクラ事務所（石倉昌樹・隈部瑠依・池田はる香・近藤奈々子）
NDC798／229×178㎜／32p／ISBN978-4-593-58727-8

落丁・乱丁本は、購入書店名を明記の上、小社営業部までお送りください。
送料小社負担にて、お取り替えいたします。

Paper Airplanes series: Flight School Level1 by Christopher L.Harbo
© Capstone Press, an imprint by Capstone 2011.
All rights reserved. This Japanese edition distributed and published by
©Holp Shuppan Publications, Ltd., 2015 with the permission of Capstone,
the owner of all rights to distribute and publish same.

Japanese translation rights arranged with Capstone, Minnesota
through Tuttle-Mori Agency, Inc.,Tokyo
Japanese language edition published by Holp Shuppan Publications, Ltd., Tokyo.
Printed Japan.

紙ひこうき クラフトスクール
全4巻

著：クリストファー・L・ハーボ
絵：鎌田 歩

- レベル❶  はじめて編
- レベル❷ 初級編
- レベル❸ 中級編
- レベル❹ 上級編

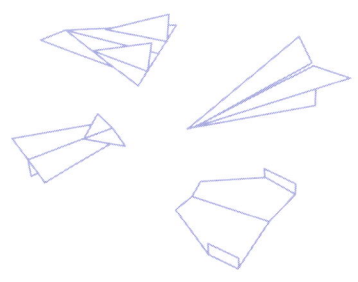

紙ひこうきを飛ばすときは、まわりをよく見て、
人にあたらないように気をつけよう。